Michel Gbê

Le tombeau est ouvert

Michel Gbê

Le tombeau est ouvert

Berceau du christianisme

Éditions Croix du Salut

Imprint

Cover image: www.ingimage.com

Publisher:
Éditions Croix du Salut
is a trademark of
International Book Market Service Ltd., member of OmniScriptum Publishing Group
17 Meldrum Street, Beau Bassin 71504, Mauritius

Printed at: see last page
ISBN: 978-613-7-36717-9

SOMMAIRE

THEME CENTRAL : LE TOMBEAU EST OUVERT !

TEXRES DE BASE : MATTH 28 : 1-2 ; I COR 15 : 14 ; LUC 24 : 5-6.

INTRODUCTION :

« Si les disciples se mirent à prêcher la résurrection à Jérusalem et que le peuple réagit favorablement, si les autorités religieuses ne purent rien faire contre, c'est que le tombeau devrait-être vide. Le simple fait que la communion chrétienne fondée sur la résurrection de Jésus, vint à l'existence et prospéra dans la ville même où Christ avait été exécuté et enseveli, est la preuve manifeste de l'historicité du tombeau vide. » [1]: Déclarait William Lane Craig.

La réalité du tombeau vide assène un coup mortel à toutes hypothèses avancées contre le témoignage chrétien. C'est la pierre sur laquelle trébuchent toutes les théories pernicieuses et erronées. Il n'est donc pas surprenant de découvrir que le vide de la tombe de Christ est soigneusement éludé par nombre des contre arguments avancés.

C'est à ce juste titre, qu'allez-y voir en Egypte, demandez après Pharaon, faites un tour en Arabie Saoudite demandez après Mahomet mort le 8 juin 632 AP-J-C, à l'âge de 61ans[2], posez vos pieds sur le territoire chinois demandez après Bouddha etc. La seule et évidente réponse qui vous sera donnée, est qu'ils sont tous morts et c'est ici que reposent leurs corps sans vie.

---

[1]JOSH MC Dowell, le verdict un complément d'enquête (La begude de Mazenc, France : Editions vida, 2007), 264.

[2] Ibid, 223.

Mais allez-y voir à Jérusalem, demandez après le Rois des rois, le Rejeton de David, l'Ancien des jours, l'Etoile filante du matin, le Lion de la tribu de Juda, El Olam, Jehova Rapha, la montagne de Sion incontournable etc. On vous dira qu'Il est bel et bien mort, enseveli dans le tombeau neuf de Joseph d'Arimathée à la veille de la Pâque et gardé de façon musclée par des soldats véreux.

Le premier jour rien de spécial ne s'est produit. Le deuxième jour ce fut le même scénario. Le troisième jour, la terre trembla de toutes ses forces parce qu'en son sein se trouvait un homme unique en son genre, le Dieu incarné, celui qui a l'autorité et qui tient entre ses mains les clefs de la mort et du séjour des morts. Les soldats furent effondrés et tombèrent dans un comma profond, Satan et sa bande de démons, furent témoin d'un miracle extraordinaire. La pierre fut roulée comme une natte par un ange du Seigneur.

Jésus fut ressuscité comme Il nous l'avait promis. Un tel évènement authentique, avéré, incontestable, fondement de la foi chrétienne, fut cependant réfuté par certains philosophes et certains érudits à la conscience cautérisée cherchant à mettre en doute la foi des croyants et les détourner de leur raison d'être.

Face à une telle triste et évidente réalité, notre but à la lumière de cette étude, est de fournir des preuves scripturaires à la lumière des Saintes Ecritures afin de repositionner la foi des élus de Dieu. Car selon Paul dans ICor15 :14 « Si Christ n'est pas ressuscité notre prédication est vaine et votre foi est aussi vaine ». En plus de cette préoccupation, nous tenterons de toucher la portée théologicobiblique de cette déclaration, et ses implications dans la vie des croyants avant de conclure.

I- LA TENEUR OU LA PORTEE THEOLOGICO-BIBLIQUE

La doctrine de la résurrection selon le **docteur Charles Agyin Asare**, est la doctrine fondamentale du Nouveau Testament…l'orgueil et la gloire du Christianisme sont le « tombeau vide de Jésus ». [3]L'évangéliste **Matthieu** nous rapporte au chapitre 28 :2 de son écrit ce qui suit : « Et voici, il y eut un grand tremblement de terre ; car un ange du Seigneur descendit du ciel, vint rouler la pierre et s'assit dessus ». Quant à **Marc**, il écrit ceci : « Elles (Marie de Magdala et Marie mère de Jésus) disaient entre elles : qui nous roulera la pierre loin de l'entrée du sépulcre ? Et, levant les yeux, elles aperçurent que la pierre, qui était grande, avait été roulée »Mac 16 : 3-4.

« Le tombeau vide du Christ fut le berceau de l'Eglise »[4] : déclarait **W. Robertson Nicoll** '' dans le verdict un complément d'enquête''. **William Lane** Craig quant à lui affirme ceci : « Nul ne peut affirmer l'historicité du récit de l'ensevelissement de Jésus et nier de manière plausible l'historicité du ''tombeau vide''[5]. Cette même pensée est soutenue par **Winfried Corduan** en ces

---

[3]Charles Agyin Asare, Enraciné et Fondé en Lui (Céleste Paris, © 1995), 69-70.

[4] JOSH MC Dowell, le verdict un complément d'enquête (La begude de Mazenc, France : Editions vida, 2007), 225.

[5] Ibid, 250.

termes : «S'il est un fait de l'histoire ancienne qui puisse être considéré comme irréfutable, c'est bien ''le tombeau vide '' »[6]

C'est pourquoi il me convient d'affirmer que le tombeau vide ou ouvert demeure pour tout croyant un sujet qui mérite une attention particulière, pour plusieurs raisons telles que :

E- Il certifie la résurrection de Jésus.

« Le tombeau vide de Jésus est sine qua non de la résurrection » : déclara **William Lane Craig**. **Anderson** quant à lui affirme ce qui suit : « Tel un rocher véritable, la tombe vide constitue un élément essentiel dans l'évidence de la résurrection. Suggérer qu'elle n'était pas vide, comme l'on fait certains, me paraît ridicule. C'est un fait historique… »

Luc24 :2-3 « Elles trouvèrent que la pierre avait été roulée de devant le sépulcre ; et étant entrées, elles ne trouvèrent pas le corps du Seigneur Jésus »

F- IL constitue l'élément clé de contre-attaque des apôtres.

E. H. Day fait ce commentaire : « si l'on avait pu prouver que la tombe n'avait pas été trouvée vide, le critique aurait à affronter plusieurs difficultés. Il lui faudrait par exemple faire face au problème de la croissance rapide de la tradition »[7].

C- IL demeure la pièce justificatrice dans la proclamation des apôtres.

---

[6] Ibid, 265.
[7] Ibid, 265.

Paul Althus déclare ce qui suit : « La situation exigeait que la première communauté eût un témoignage fiable du fait que la tombe a été trouvée vide. Il continue en disant : le Kérugma (proclamation à haute voix) de la résurrection n'aurait pas pu se maintenir à Jérusalem une seule journée, une seule heure, si le vide de la tombe n'avait pas pu être établi comme fait certain pour tous ceux que cela concernait ».[8]

Ernest Kevan affirma ceci : « Fait indiscutable du tombeau vide. Il l'était réellement et les ennemis de Christ furent incapables de le nier »

D-Fondement solide de l'assurance des disciples.

Une telle affirmation est soutenue par **William Lane Craig** en ces termes : « Si les disciples se mirent à prêcher la résurrection à Jérusalem et que le peuple réagit favorablement, si les autorités religieuses ne purent rien faire contre, c'est que ''le tombeau devait être vide. Le simple fait que la communion chrétienne, fondée sur la croyance en la résurrection de Jésus, vint à l'existence et prospéra dans la ville même où Jésus avait été exécuté et enseveli, est la preuve manifeste de l'historicité du ''tombeau ouvert'' ».

W. Robertson déclare ce qui suit : « Le tombeau vide ou ouvert fut le berceau de l'Eglise »

E-Il bat en brèche toutes les fausses théories sur l'authenticité de la résurrection de Jésus.

[8] Ibid, 267

Selon Ernest Kevan, la réalité du tombeau vide assène un coup mortel à toutes les hypothèses avancées contre le témoignage chrétien. Le **Dr Charles Agyin Asare** liste ces fausses théories dans son ouvrage ''Enraciné et fondé en Lui'' (page 69-70) [9]:

- ***La théorie du fantôme*** (Elle consiste à penser que Jésus est resté dans le tombeau, c'est un esprit qui aurait pris sa physionomie pour apparaître aux disciples.

  Le tombeau ouvert peut nous aider à réfuter cette théorie. La bible dit que la pierre été roulée et que Christ est ressuscité (Mac 16 : 3-4).
- ***La théorie de l'hallucination*** (Elle consiste à rendre réelle dans notre esprit une chose qui ne l'est pas en réalité. En somme elle est le produit de notre propre imagination. Une telle théorie vise à rendre les faits inexistants. Mais elle ne peut tenir devant le témoignage de l'ange s'adressant aux femmes : « Il leur dit ne vous épouvantez pas ; vous cherchez Jésus de Nazareth, qui a été crucifié ; Il est ressuscité, Il n'est point ici ''voici le lieu où l'on l'avait mis'' ». Cette dernière phrase nous rassure non seulement de la résurrection de Jésus, mais de la certitude du tombeau ouvert. (**Mac16 : 6**).
- ***La théorie du mythe*** (Elle se justifie dans le fait que Christ serait resté dans son tombeau, et que sa résurrection serait une histoire folle qui ne peut jamais être une réalité. Pour réfuter une telle spéculation, venons-en à la

---

[9] Charles Asare Agyng, *Enracine et Fondé en Lui* (Céleste Paris, © 2005), 69-70.

déclaration de **J. N. D. Anderson** : «…il n'est pas nécessaire d'argumenter sur le tombeau vide. Tous, amis et adversaires, savaient qu'il était vide ».[10]

F- Les prémices de notre espérance et de notre avenir

Quand notre Dieu dans sa préscience affirme dans **Jérémie 29 :11** : « Car je connais les projets que j'ai formés sur vous, dit l'Eternel, projet de paix et non de malheur, afin de vous donner un avenir et l'espérance ». Il voyait sous un angle pré-figuratif, la concrétisation de ses projets pour ceux qui seront en Christ, qui croiront en sa sortie victorieuse du tombeau ou à son triomphe sur la mort.

Si Christ était resté dans son tombeau, quel avenir auraient les croyants ? Quel serait le fondement de leur foi ? Le nom de Christ serait tout simplement un souvenir, Christ serait mis au nombre des autres leaders religieux, tels que : Mahomet, Bouddha, Gbadjé, etc.

Jean 11 : 39 ,41 « Jésus leur dit : ôtez la pierre…ils ôtèrent donc la pierre … »

NB : Durant le ministère terrestre de Jésus, Il a ressuscité des morts, (le fils de la veuve de Nain, la fille de Jaïrus. La troisième fut celle de Lazare qui était déjà enseveli depuis quatre jours. Jésus avant d'accomplir le miracle ordonna aux personnes présentes d'ôter la pierre qui obstruait l'entrée du tombeau de Lazare. Une telle recommandation était pleine de sens. Elle permettrait d'éviter toutes fausses théories (fantôme, mythe, hallucination etc.). Car malgré l'authenticité du miracle, les gens de mauvaise foi chercheront à nier celui-ci et exigeront

---

[10] JOSH MC Dowell, le verdict un complément d'enquête (La begude de Mazenc, France : Editions vida, 2007), 265.

l'ouverture de la tombe pour être sûr que celui qui est devant eux est bel et bien Lazare.

Matthieu 28 :6 « L'ange dit aux femmes : Il n'est point ici ; Il est ressuscité comme Il l'avait dit. Venez, voyez le lieu où Il était couché ».

NB : L'ange pouvait s'arrêter à cette déclaration ''Ne craignez pas, Jésus est ressuscité, rapportez-le aux autres ''Mais la mention de ''venez, voyez le lieu où il était couché est la preuve la plus rassurante et capable de réfuter tout soupçon (crainte, plus ou moins fondée, au sujet de la conduite ou des projets d'une personne).

CONCLUSION PARTELLE :

Avant de passer aux implications de l'ouverture du tombeau, il était nécessaire voir indispensable d'établir une telle vérité théologico- biblique. En effet sans établir cette vérité post-résurrectionnelle et sine qua non, nous aurions bâti une étude sur un fondement fragile. Maintenant que nous sommes convaincus de l'ouverture du tombeau de Jésus, venons-en à la problématique d'Anderson (avocat et professeur de droit à l'université de Londres) : « Il n'est pas nécessaire d'argumenter sur le tombeau vide. Tous, amis et adversaires, savaient, qu'Il était vide. Les seules questions méritant une discussion étaient celles de savoir pourquoi il était vide et ce que prouvait ce vide ».[11]

II- LES IMPLICATIONS DE L'OUVERTURE DU TOMBEAU DE JESUS.

[11] ibid, 267.

A-LA PIERRE A ETE ROULEE.

Luc 24 :2 « Elles trouvèrent que la pierre avait été roulée de devant le sépulcre »

Math 28 :2 « Et voici, il y eut un tremblement de terre ; car un ange du Seigneur descendit du ciel, vint rouler la pierre et s'assit dessus »

NB : Cette pierre qui obstruait l'entrée du tombeau de Jésus a été roulée, dégagée, ôtée. De la même manière, Dieu pour juger son peuple a pris à témoin les cieux et la terre sous un angle personnifié dans Esaïe 1 : 2 « Cieux, écoutez ! Terre prête l'oreille car l'Eternel parle », ainsi je parle à cette pierre : « Ecoute ! Pierre, sais-tu que tu as derrière toi celui qui t'a amené à l'existence ? Celui qui s'appelle le Rois des rois ? Pourquoi veux-tu obstruer la sortie du fils de Dieu, celui qui tient les clefs de la mort et du séjour des morts entre ses mains ? Chers frères et sœurs, parle à la pierre qui est placée devant ton succès, devant ton mariage, devant ta guérison, devant ton enfantement, devant ta prospérité.

NB : Ton Dieu parle en ta faveur, Il dépêche un ange depuis son ciel de gloire pour ôter cette pierre, pour lever cet obstacle, pour balayer cette montagne, car tu ne dois pas rester dans cette tombe où tu es couché actuellement. Adresse-toi à cette pierre avec autorité, avec foi, et tu en sortiras victorieux.

Jean 11 :39 « Jésus dit : Ôtez la pierre. Marthe, la sœur du mort, lui dit : Seigneur, il sent déjà, car il y a quatre jours qu'il est là »

NB : Ôte la pierre sans spéculer, sans murmurer, sans douter, une chose est certaine, Jésus sait ce qu'Il doit faire. Toi obéis et mets-toi en action. Accomplis ta part et le Ressuscité fera la sienne.

B- LA RESURRECTION DU ROI DES rois.

Luc 24 : 5-6 «Saisies de frayeur, elles baissèrent le visage contre terre ; mais ils leur dirent : pourquoi cherchez parmi les morts celui qui est vivant ? Il n'est point ici, mais Il est ressuscité… »

William Lane Craig déclare : « Sans la croyance en la résurrection, la foi chrétienne n'aurait pas pu voir le jour. Les disciples n'auraient été des hommes accablés et vaincus. Même s'ils avaient gardé le souvenir de Jésus, leur bien-aimé Maître, sa crucifixion aurait étouffé tout espoir en sa messianité. La croix aurait marqué la fin triste et ignominieuse de sa carrière. L'origine du christianisme dépend donc de la croyance des premiers disciples que Dieu a ressuscité Jésus d'entre les morts ».[12]

Rom 10 : 9 « Si tu confesses de ta bouche le Seigneur Jésus, et si tu crois dans ton cœur que Dieu l'a'' ressuscité des morts'' tu seras sauvé ».

1Cor 15 :14 « Et si Christ n'est pas **ressuscité**, notre **prédication** est vaine, et votre **foi** est aussi vaine ».

Le professeur Ghildes déclare ceci : « Rien ne laisse entendre que **Sakya Muni** ait existé après sa mort ou qu'il soit apparu à ses disciples, **Mahomet mourut le 08 juin 632 après J.C… à l'âge de 61ans à Médine**, où sa tombe fait l'objet d'un pèlerinage annuel pour des milliers de musulmans pieux. Des millions et des

---

[12] Ibid, 223

millions de bouddhistes et de musulmans reconnaissent que le fondateur de leur religion n'est jamais revenu de la poussière de la terre par une résurrection »[13]

Le théologien Wilbur Smith affirmait ce qui suit : « En déclarant qu'Il ressusciterait d'entre les morts, le troisième jour après sa crucifixion, Il dit une chose que seul un ''fou 'se hasarderait à avancer, s'Il voulait continuer à être l'objet de la dévotion de ses disciples, à moins d'être sûr de vraiment ressusciter. Aucun fondateur de religion dans l'histoire ne s'aventura jamais à faire semblable déclaration »

NB : **Wilbur Smith affirmait ceci** : « La résurrection de Christ a toujours été la doctrine centrale de l'Eglise »[14]

B-1. Définition : Résurrection

Selon le Nouveau Dictionnaire Biblique révisé et augmenté de René Pache, cette notion stipule le ''retour de Christ à une vie corporelle glorifiée''.

B-2.Les preuves scripturaires de la résurrection de Jésus.

Le Christ ressuscité a donné plusieurs preuves qu'Il est bel et bien le triomphateur de la mort et du séjour des morts. En voici quelques preuves au nombre de quinze(15).

- A Marie Madeleine : Marc16 :9 ; Jean20 :14 ;

---

[13] Ibid, 227.
[14] Ibd, 238.

- Aux deux femmes revenant du tombeau : Matth28 : 9-10
- A Pierre plus tard dans la journée : Luc24 :34 ; 1Cor15 :5
- Aux disciples d'Emmaüs : Luc24 : 13-33
- Aux apôtres sans Thomas Luc24 :36-43 ; Jean20 :19-24
- Aux apôtres en présence de Thomas : Jean20 :26-29
- Aux sept près du lac de Tibériade : Jean21 :1-23
- A plus de 500 croyants sur la montagne de Galilée : 1Cor15 :6
- A Jacques : 1Cor15 :7
- Aux onze : Matth28 :16-20 ; Mc16 :14-20 :Luc24 :33-52
- A l'ascension : Actes1 :3-12
- A Paul Actes : 9 :3-6 ; 1Cor15 :8
- A Etienne Actes7 :55
- A Paul dans le temple Actes22 :17-21 ; 23 :11
- A Jean sur l'île de Patmos : Apocalypse 1 :10-19 [15]

B-3. Les avantages ou les impacts de la résurrection de Jésus dans la vie des croyants.

Si la résurrection de Jésus est considérée comme la base doctrinale du christianisme et la sève nourricière de la foi et de l'espérance chrétienne, elle ne peut sans contradiction aucune renfermer de nombreux avantages tant spirituels, socio -économique, matériel, psychologique.

---

[15] Louis second (Sainte Bible. Editions revue, 2008).

B-3-1. Les avantages spirituels.

Dans notre étude, nous nous efforcerons de qualifier ces avantages de **7R** de la vie de plénitude du Christ ressuscité. Le **7** c'est la plénitude, et le **R** est l'initial du mot résurrection. Après cette précision venons-en au contenu proprement dit.

a- La Rédemption

a-1 Définition : Elle vient du mot **Latin** « **Redimere** » qui selon le Nouveau Dictionnaire Biblique signifie racheter une personne ou la libérée en payant une rançon. C'est aussi la délivrance de celui qui est en esclavage ou en prison.[16]

Galates3 :13 « Christ nous a racheté de la malédiction de la loi, étant devenu malédiction pour nous… ».

a-2. Les quatre pas de la rédemption selon son sens grec sont :

- Nous sommes vendus sur le marché du péché ou de l'esclavage « Agorazo »Cela est soutenu par le **Dr Charles Agyin Asare** en ces termes : « Le péché nous a vendus à Satan et le monde entier est devenu sa propriété légitime. A cause de cela, nous étions tous « esclaves de Satan »[17]

NB. Sur quel marché de péché es-tu vendu ? Tes parents ne t'ont-ils pas vendu sur le marché de l'idolâtrie, de la stérilité, de la sorcellerie, tes entrailles ne sont-

[16] René Pache. Nouveau dictionnaire Biblique (Saint-Legier, France : Editions Emmaüs, 1992), 1107.
[17] Charles Asare Agyng, *Enracine et Fondé en Lui* (Céleste Paris, © 2005), 154.

elles pas vendues à l'esprit des eaux de ton village, ta prospérité n'est-elle pas vendue, ta réussite, ton intelligence, ta promotion, ton compte bancaire, etc.

Gen45 :4 « Joseph dit à ses frères : Approchez-vous de moi. Et ils s'approchèrent. Il dit : Je suis Joseph, votre frère, que vous avez vendu pour être mené en Egypte ».

- Nous sommes soustraits du marché de l'esclavage ou du péché « EX-AGORAZO.

Exode 3 :7-8 « L'Eternel dit **:** j'ai vu la souffrance de mon peuple qui est en Egypte, et j'ai entendu les cris que lui font pousser ses oppresseurs, car je connais ses douleurs. Je suis descendu pour le délivrer de la main des Egyptiens ''et pour le faire monter de ce pays où coulent le lait et le miel… »

Tite 2 :14 « Et qui s'est donné lui-même pour nous, afin de nous racheter de toute iniquité et de se faire un peuple qui lui appartienne, purifié par lui et zélé pour les bonnes œuvres ».

1Cor6 :20 « Car vous avez été rachetés à un grand prix. Glorifiez Dieu dans votre corps et dans votre esprit, qui appartiennent à Dieu ».

- Le brisement ou l'affranchissement des liens ou des chaines de la servitude ou des liens de la captivité « APOLUTRÔSIS »

Marc 11 :4 « Les disciples, étant allés, trouvèrent l'ânon attaché dehors près d'un porte, au contour du chemin, et ils le détachèrent **».**

- Rendre libre ou accorder la liberté « LUTRÔSIS »

Jean 8 :36 « Si donc le Fils vous affranchit, vous serez réellement libres **»**

Psaumes 130 : 7 « Israël, mets ton espoir en l'Eternel ! Car la miséricorde est auprès de l'Eternel, et la ''rédemption'' est auprès de lui en abondance. »

JOB 19 :25 « Mais je sais que mon rédempteur est vivant, et il se lèvera le dernier sur la terre.

Romains 3 :23-24 « Car tous ont péché et sont privés de la gloire de Dieu ; et ils sont gratuitement justifiés par sa grâce, par le moyen de la ''Rédemption qui est en Jésus

Remarque : Le tombeau est ouvert ! Le Christ est ressuscité afin de nous passer de l'esclavage à la liberté, de la mort à la vie, de la pauvreté à la richesse. Si tu crois au ressuscité, alors jette- toi dans ses bras de compassion et dispose- toi à expérimenter ses grâces qui sont disponibles en ce jour dans cette salle. Il n'est pas resté dans le tombeau c'est pourquoi son Esprit est à l'œuvre pour guérir, restaurer, délivrer, soulager, transformer, et vous remplir etc.

Romains 10 :9 « Si tu confesses de ta bouche le Seigneur Jésus, et si tu crois dans ton cœur que Dieu l'a ressuscité des morts tu seras sauvé ».

b- LA RESTAURATION OU LE RETABLISSEMENT.

Selon le Nouveau Dictionnaire Biblique, ce mot du grec ''**apokathistêmi**'' stipule : [18]

[18] René Pache. Nouveau dictionnaire Biblique (Saint-Legier, France : Editions Emmaüs, 1992), 1121.

- **Rebâtir ce qui est tombé en ruine**. Cela se voit dans **Neh1 : 5** « Et je répondis au roi : Si le roi le trouve bon, et si ton serviteur lui est agréable, envoie-moi en Juda, vers la ville des sépulcres de mes pères, pour que je la **rebâtisse ».**
- **Redonner vie à ce qui est mort ou endommagé**. Cela se voit à la lumière des textes de : **Luc 15 : 24** « Car mon fils que voici était mort, et il est revenu ; il était perdu, et il est retrouvé. Et ils commencèrent à se réjouir ». **Ezéchiel 37 :10** « Je prophétisai, selon l'ordre qu'il m'avait donné. Et l'esprit entra en eux, et ils reprirent **vie**, et ils se tinrent sur leurs pieds : c'était une armée nombreuse, très nombreuse **». Ezéchiel 37 :13-14** «Et vous saurez que je suis l'Eternel lorsque j'ouvrirai vos sépulcres, et que je vous ferai sortir de vos sépulcres, ô mon peuple ! Je mettrai mon esprit en vous, et vous vivrez ; je vous **rétablirai** dans votre pays, et vous saurez que moi, l'Eternel, j'ai parlé et agi, dit l'Eternel ».
- **Le passage de l'esclavage à la liberté**. Voyons cela à la lumière des textes de : **Exode 3 :8** « Je suis descendu pour le délivrer de la main des Egyptiens, et pour le faire monter de ce pays bon et vaste, pays où coulent le lait et le miel… ». **Luc 8 : 30** « Jésus lui demanda, quel est ton nom ? Légion, répondit-il. Car plusieurs démons étaient entrés en lui ».

NB : Le tombeau est ouvert, Jésus ressuscité est prêt à te restaurer. Qu'est-ce qui est mort en toi, qu'est-ce qui semble être détruit ou tomber en ruine ? Ton foyer est sur le point de la dislocation, tu es esclave de la colère, du mari ou de la femme de nuit ; tu as perdu toute espérance dans la marche avec Jésus, rien n'est encore tard, l'Esprit du ressuscité est encore à l'œuvre pour rebâtir ta destinée et réécrire ton histoire. Ainsi tu confesseras comme Job en ces termes : **Job 42 :5** « Mon oreille avait entendu parler de toi ; mais maintenant mon œil t'a vu ».

c- LA RECONCILIATION

Selon le dictionnaire ''Le grand Robert'', elle signifie en latin « Reconciliatio ». C'est l'idée de '' **réintégration** '' c'est-à dire '' **remise en état**''.[19]

NB : Selon Ralph Mahoney ''dans la Houlette du berger''p16/section EI, la réconciliation stipule : « **Placer à nouveau une personne dans une relation amicale** ».[20]

Jean 15 :14 «Vous êtes mes amis, si vous faites ce que je vous commande »

NB. Un grand penseur pouvait affirmer ceci : « La réconciliation avec nos ennemis, n'est qu'un désir de rendre notre condition meilleure »

Romains 5 : 10 «Car si, lorsque nous étions **ennemis,** nous avons été **réconciliés** avec Dieu par la mort de son fils, à plus forte raison, étant réconciliés, serons-nous sauvés par sa vie ».

2Cor 5 : 17-18 « Si quelqu'un est en Christ, il est une nouvelle créature. Les choses anciennes sont passées ; voici toutes choses sont devenues nouvelles. Et

---

[19] Ibid, 1106.

[20] Raph Mahomney. La Houlette du Berger (U.S.A : © World Map, 1993), Section E1/17

tout cela vient de Dieu, qui nous a ''réconciliés avec lui par, Christ et qui nous a donné le ministère de la réconciliation ».

Ephésiens 2 :19 « Ainsi donc, vous n'êtes plus des étrangers, ni des gens du dehors, mais vous êtes concitoyens des saints, gens de la maison de Dieu ».

NB : Si tes péchés nombreux soient-ils donnent l'ultime autorité à Satan et à ses démons de t'accuser continuellement, si devant le trône de sa grâce tu n'as pas l'assurance que tu es pardonné, laisse- moi te dire que le tombeau est ouvert. Ton Jésus est ressuscité pour ta réintégration dans ta position originelle et originale. Tu as le droit d'être heureux, de te marier, de jouir pleinement des fruits de ton travail, tu es né pour prospérer, pour être élevé, lève-toi et entre dans la vie de plénitude du Christ ressuscité. Ne te couche dans le tombeau de la maladie, des blessures émotionnelles ; des frustrations, des pleurs, de l'échec, sors avec ton Seigneur et marche de victoire en victoire.

d- LE REPOSITIONNEMENT.

Introduisons notre sous thème par ce beau cantique :

Ne me cherchez plus là-bas ô,

Mon statut a changé ô.

Jésus va te prendre,

Il va te laver, Il va te positionner éhé.

Définition : Selon le Dictionnaire'' le Grand Robert'' il implique le fait de positionner à nouveau une personne dans son état premier ; ou remettre une personne à sa place initiale. [21]

NB : Si le péché du premier Adam nous à fait perdre notre position et a endommagé l'image glorieuse de Dieu en nous, la résurrection du Second Adam nous remet dans cette position perdue.

Genèse 40 : 13 « Encore trois jours, et Pharaon relèvera ta tête et te rétablira dans ta charge ; tu mettras la coupe dans la main de Pharaon, **comme tu en avais l'habitude lorsque tu étais son échanson** »

2Samuel 19 :15 « Le roi revint et arriva jusqu' au Jourdain ; et Juda se rendit à Guilgal, afin d'aller à la rencontre du roi David ».

NB : David fut établi roi sur Juda et sur Tout Israël dans 1Samuel 5 : 4 « David était âgé de trente ans lorsqu'il devint roi, et régna quarante ans ». Dans 2Samuel 15 :1-12, Absalom, fils de David va se révolter contre son père David. David après un terrible affrontement entre les siens et ceux du rebelle Absalom, revint après la mort de son opposant. Il fut repositionné à la tête du royaume.

NB : Comme cet enfant prodigue dans Luc 15, comme ce fut le cas de cette femme qui perdait le sang depuis douze ans dans Marc 5, et de cet homme possédé de six mille démons etc. Le Seigneur est ressuscité pour te redonner ta position. Tu as perdu ta position au sein de ta famille, au sein de ton travail, au sein de ton foyer, laisse- moi te dire que le tombeau est ouvert, sors et reprends ta

[21] René Pache. Nouveau dictionnaire Biblique (Saint-Legier, France : Editions Emmaüs, 1992), 1121

position, car tu es né pour régner avec le Christ ressuscité. « *Nous sommes repositionnés pour posséder* ». Tu as beaucoup de territoires perdus, de privilèges inexploités, de talents enterrés, de bénédictions cachées, le temps est propice, favorable pour que tu brilles de nouveau.

e- LE RECOUVREMENT.

Selon Ralph Mahoney, ce mot signifie : « Reprendre une chose qui avait été perdue ».[22]

1Pierre 2 :24 « Car vous étiez comme des brebis errantes ; Mais maintenant vous êtes retournés vers le Pasteur et le Gardien de vos âmes »

NB : Nous étions crées pour être recouverts par la lumière, l'amour et l'autorité de Dieu. Quand l'homme pécha, il fut enlevé de dessous cette couverture et fut plongé dans les ténèbres. Ce-faisant, il s'est exposé à la colère de Dieu et à son jugement pour le péché. Avec la résurrection de Jésus, l'homme peut de nouveau entrer sous cette couverture de la lumière, de l'amour et de l'autorité du Christ ressuscité.

LUC 15 : 20 « Et il se leva, et alla vers son père. Comme il était encore loin, son père le vit et fut ému de compassion, il courut se jeter à son cou et le baisa ».

NB : L'humanité toute entière gît sous la puissance du prince de ce monde, le péché de notre ancêtre Adam nous a vendu au diable dont nous sommes esclaves. Gloire soit rendu au ressuscité. Le tombeau est ouvert, le Christ vivant, nous

---

[22] Raph Mahomney. La Houlette du Berger (U.S.A : © World Map, 1993), Section E1/15.

reprend des mains de notre ancien maitre et fait de nous sa propriété privée. Désormais sa lumière, la gloire du Christ ressuscité brilleront sur nous.

ESAÏE 8 : 23 « Mais les ténèbres ne régneront pas toujours sur la terre où il y a maintenant des angoisses : Si les temps passés ont couvert d'opprobre…les temps à venir couvriront de gloire ».

NB : Le tombeau est ouvert pour que tu entres en possession de tes territoires perdus, pour que tu retrouves ton foyer qui t'a été volé, pour que tu reprennes ta place dans cette société, pour que tu retrouves l'amour de tes enfants, pour que la paix revienne dans ton foyer, etc. Psaumes 68 : 6 -7 « Le père des orphelins, le défenseur des veuves, c'est Dieu [23]dans sa demeure sainte. Dieu donne une famille à ceux qui étaient abandonnés, Il délivre les captifs et les rend heureux… ».

f- LA REGENERATION OU LA RECREATION

Elle vient du mot **grec''Paligenesia''** : C'est le changement de nature produit en l'homme par l'Esprit du Christ ressuscité ou l'Esprit du Seigneur.

NB : **WAYNE GRUDEM dans Théologie Systématique ''page 676 déclare :** «La résurrection du Christ garantit notre régénération » [23]

1Pierre 1 : 3 « Béni soit Dieu, le père de notre Seigneur Jésus-Christ, qui selon sa grande miséricorde, nous a régénérés, pour une espérance vivante, par la résurrection de Jésus-Christ d'entre les morts »

---

23 Wayne Grudem, Théologie Systématique (Charols, France : Editions Excelsis, 2010), 676.

Ephésiens 2 : 10 « Car nous sommes son ouvrage, ayant été créés en Jésus-Christ pour de bonnes œuvres, que Dieu a préparées d'avance afin que nous les pratiquions ».

NB : La puissance du Christ ressuscité est encore en action aujourd'hui. Elle peut redonner vie à tout ce qui est mort en toi. Le tombeau est ouvert, Christ est sorti vivant, pour que tes entrailles soient récréées, pour que ton histoire reprenne son cours normal, pour que ton avenir ne soit pas hypothéqué. Tu es destiné à une vie d'élévation, de réussite, de prospérité : C'est pour toi que Christ est ressuscité.

g- LA REFORMATION.

Selon le Dictionnaire ''Le Grand Robert'' ce mot vient du latin ''Reformatio'' qui stipule : « Remise en ordre, qui constitue une amélioration ».

Quant à Ralph Mahoney dans la Houlette du Berger Page16/EI, affirmait ce qui suit : « C'est l'acte de remettre une chose à sa forme originelle après qu'elle est été endommagée ou détruite ».[24]

Esther 8 : 6 « Car comment pourrais-je voir le malheur qui atteint mon peuple, et comment pourrais-je voir **la destruction** de ma race ».

NB : Dieu ne désir pas ta destruction, le Christ ressuscité n'est pas heureux de voir ta vie, tes entrailles, ton foyer ton avenir être endommagés par la main du diable, des sorciers de ta famille, par la volonté des jaloux autour de toi. Le tombeau est ouvert pour que tout ce qui est détruit ou endommagé dans ta vie soit

[24] Raph Mahomney. La Houlette du Berger (U.S.A : © World Map, 1993), Section E1/16.

remis dans sa forme originelle. Christ étant ressuscité a reçu un corps meilleur que le premier, une position excellente que_la première, alors Dieu veut que ta condition, ta situation s'améliorent et deviennent de plus en plus meilleures.

Job 42 :12 « Pendant ses dernières années, Job reçu de l'Eternel plus de bénédictions qu'il n'en avait reçu dans les premières.

Ephésiens 2 :9 « C'est pourquoi aussi Dieu l'a souverainement élevé, et lui a donné le nom qui est au-dessus de tout nom ».

B-3-2. SUR LE PLAN SOCIO-ECONOMIQUE ET MATERIEL.

La résurrection du Christ n'a pas seulement que des bienfaits spirituels, mais elle renferme des bénédictions aussi bien sur le plan économique, que matériel dans la société actuelle (monde présent) et le monde avenir. Christ est ressuscité pour notre condition présente et future. Ne pas parler de bénédictions dans ce monde présent serait en contradiction avec les Saintes Ecritures.

- **Notre santé physique ou la guérison de notre corps.**

Le Christ ressuscité déploie encore aujourd'hui sa puissante main pour guérir ceux qui sont malades, quelque soit la maladie. ***L***a volonté du ressuscité est *que tu sois en bonne santé.*

3Jean :2 « Bien-aimé, je souhaite que tu **prospères à tous égards** et sois'' **en bonne santé**'' comme prospère **l'état de ton âme** ». Les trois bénédictions (matérielle, physique, spirituelle) **Genèse 20 :17 -18 «** Abraham pria Dieu, et Dieu guéri Abimélec, sa femme, et ses servantes, et elles purent enfanter.

Car, l'Eternel avait frappé de stérilité toute la maison d'Abimélec, à cause de Sara la femme d'Abraham ».

Psaume 107 :20 « Il envoya sa parole et les guérit… »

Esaïe 52 :5 «…et c'est par ses meurtrissures que nous sommes guéris »

Matthieu 9 :22 «Jésus se retournant, et dit, en la voyant ; prends courage, ma fille, ta foi t'a guérie, et cette femme fut guérie à l'heure même »

Marc 5 :29 « Au même instant la perte de sang s'arrêta, et elle sentit dans son corps qu'elle était guérie de son mal »

Luc 6 :19 « Et toute la foule cherchait à le toucher, parce une force sortait de lui et les guérissait tous »

Jean 5 :8-9 «Lève-toi, lui dit Jésus, prends ton lit, et marche. Aussitôt cet homme fut guéri ; il prit son lit et marcha »

Jean 9 : 25 « Il répondit : S'Il est un pécheur, je ne sais ; je sais une chose, c'est que j'étais aveugle et maintenant je vois »

Actes 9 :34 « Pierre lui dit : Enée (malade depuis 8ans et paralysé), Jésus-Christ te guérit ; arrange ton lit. Et aussitôt il se leva ».

1Pierre2 :24 « Lui qui a porté lui-même nos péchés en son corps sur le bois, afin que morts aux péchés nous vivions pour la justice ; lui par les meurtrissures duquel ***vous avez été guéris*** ».

NB : Acte accompli dans le passé dont les effets s'actualisent dans le présent.

Jacques5 :16 « Confessez donc vos péchés les uns aux autres, et priez les uns pour les autres, afin que vous soyez guéris ; La prière fervente du juste a une grande efficacité »

NB : Le tombeau est vide ! Ton Christ est ressuscité, son Esprit est parmi nous en ce jour. Jésus veut ta guérison, Il veut mettre fin au règne des démons, des sorciers sur ta vie. Ta foi doit-être en action comme l'eau de la piscine de Bethesda, pour recevoir ta guérison. Quelque soit la durée de cette maladie, de cette situation humiliante, de cette influence démoniaque, de cet envoutement, de ce sort, etc. Lève les regards vers ton Dieu ; Il est le même hier, aujourd'hui et éternellement. Ce qu'Il a fait hier, Il le fait aujourd'hui et à l'instant même pour toi, crois dans ton cœur et confesse qu'IL est ressuscité. Amen.

- **Nôtre procréation ou enfantement.**

Genèse1 :27 «Dieu les bénit, et Dieu leur dit : Soyez féconds, multipliez, remplissez la terre, et l'assujettissez… »

NB : Dieu en créant l'homme et la femme n'a pas formé sur eux des projets de malheur, mais de paix et de bonheur. La stérilité ne fait pas partir du langage de Dieu. Mais dans son imprévisible souveraineté peut choisir de laisser certaines personnes sans enfants. En dehors de cette volonté souveraine du tout Puissant, l'Homme lui-même peut-être à la base de son état. Comme ce fut le cas de Mical la fille du roi Saül qui méprisa David lorsqu'il dansait devant l'arche de l'Eternel qui revenait du camp de l'ennemi.

2Samuel 6 :20,23 « ...or Mical, fille de Saül, n'eut point d'enfants jusqu'au jour de sa mort. »

Jean 9 : 2,3 « Ses disciples lui firent cette question : Rabbi, qui a péché, cet homme ou ses parents pour qu'il soit né aveugle ? (*La cause peut être humaine*), Jésus répondit : ce n'est pas que lui et ses parents aient péché ; mais c'est afin que les œuvres de Dieu soient manifestées en lui (l'imprévisible souveraineté de Dieu) ».

Job 15 :34 « La maison de l'impie deviendra stérile »

NB : voyons la volonté affichée de Dieu envers ceux qu'Il a crées à son image au sujet de la stérilité. Jésus est sorti vivant du tombeau, en lui toutes les promesses de Dieu trouvent leur accomplissement.

Exode 23 :26 « Il n'y aura dans ton pays ni femme qui **avorte**, ni femme **stérile**. Je remplirai le nombre de tes jours ».

1Samuel 2 :5 « ...même la stérile enfante sept fois, et celle qui avait beaucoup d'enfants est flétrie ».

Deut7 :14 « Tu seras béni plus que tous les peuples ; il n'y aura chez toi ni, homme ni femme stérile, ni bête stérile parmi tes troupeaux ».

NB **:** Le tombeau est ouvert, tes entrailles doivent expérimentées la puissance du Christ ressuscité. Jésus n'est pas resté dans le tombeau, alors tes entrailles ne resteront pas dans la tombe de la stérilité, que toute main invisible qui tient captives tes entrailles et les couvre d'une ombre maléfique soit détruite maintenant et à jamais.

- **NOTRE BENEDICTION MATERIELLE ET FINANCIERE**

Jésus est ressuscité aussi pour nos bénédictions matérielles et financières. Car le souhait de Dieu c'est que nous soyons bénis dans ce siècle présent et dans le siècle avenir.

Exode 3 :22 «Chaque femme demandera à sa voisine et celle qui demeure dans sa maison des ''**Vases d'argent, des vases d'or, et des vêtements**, que vous mettrez sur vos fils et vos filles. Et vous dépouillerez les Egyptiens »

2Cor 8 :9 « Car vous connaissez la grâce de notre Seigneur Jésus-Christ, qui pour vous s'est fait pauvre, **de riche** qu'Il était, afin que par **sa pauvreté** vous fussiez **enrichis** »

Genèse 24 : 35 « L'Eternel a comblé de bénédictions mon seigneur, qui est devenu puissant. Il lui a donné des **brebis et des bœufs, de l'argent et de l'or, des serviteurs et des servantes, des chameaux et des ânes.** »

Genèse 26 : 12- 13 « Isaac sema dans ce pays, et il recueillit cette année le **centuple** ; car l'Eternel le bénit. Cet homme devint **riche,** et il alla **s'enrichissant** de plus en plus, jusqu'à ce qu'il devint **fort riche** »**NB : Ici se révèlent les 04 degrés de bénédictions d'Isaac.**

Deut 28 :3, 8, 11 « Tu seras béni dans la ville, et tu seras béni dans les champs, L'Eternel ordonnera à la **bénédiction d'**être avec toi dans tes **greniers** et dans toutes tes **entreprises**…. L'Eternel te comblera **de biens**… ».

NB : Le tombeau est ouvert pour ta vie de prospérité, toute sorcellerie de la main sèche qui a troué ta main et t'empêche de prospérer et de réaliser tes projets soit anéantie. Là où tes bénédictions sont enterrées, au nom du Christ ressuscité, qu'elles reprennent vie maintenant.

- **POUR NOTRE ELEVATION OU REUSSITE**

Philippiens2 :9 « C'est pourquoi Dieu l'a souverainement **élevé,** et lui a donné le nom qui est au dessus de tout nom »

Genèse41 :40 « Je t'établis sur ma maison, et tout mon peuple obéira à tes ordres. Le trône seul m'**élèvera** au-dessus de toi »

Deut 28 :13 « L'Eternel fera de toi **la tête** et non la queue, tu seras **toujours en haut** et non en bas … ».

NB : De la même manière que le Christ ressuscité est souverainement élevé, le tombeau est ouvert pour ton élévation. Tu dois être à la tête dans ta famille, dans ton travail, dans un domaine quelconque de ta vie.

B-4. QUELQUES ELEMENTS POUVANT NOUS PERMETTRE D'EXPERIMENTER LA PUISSANCE DU CHRIST RESSUSCITE.

4-1 : Détruire en nous les germes du doute ou Croire que Christ est ressuscité.

Douter : C'est mettre en question, émettre la probabilité en ce qui concerne la véracité d'une chose réelle, c'est une réticence, une hésitation etc.

Romains 10 :9 « Si tu confesses de ta bouche le Seigneur Jésus, et si tu crois dans ton cœur que Dieu l'a ressuscité des morts tu seras sauvé »

1Cor 15 :14 « Et si Christ n'est pas ressuscité, notre prédication est vaine et votre foi aussi est vaine ».

Jacques 2 : 14 « Mes frères, que sert-il à quelqu'un de dire qu'il a la foi, s'il n'a pas les œuvres ? La foi peut-elle le sauver ?

Verset16 « Il en est ainsi de la foi : Si elle n'a pas les œuvres, elle est morte en elle-même »

NB : Si nous doutons, si nous ne sommes pas sûrs, que Christ ait été ressuscité, si nous n'avons pas la certitude du tombeau vide, alors ne nous attendons pas à la manifestation de sa puissance dans notre vie. Si nous pensons qu'il est encore dans son tombeau, n'espérons pas à un quelconque miracle, à une quelconque guérison dans notre vie.

❖ ÔTER EN NOUS LES GERMES DE L'INCREDULITE.

Incrédulité : Le refus volontaire d'accepter la véracité d'une chose.

Josh Mc Dowell, dans le Verdict : Un complément d'enquête à la page 273 déclarait ce qui suit : « Pour quelle raison Paul rencontra-t-il une telle incrédulité en Grèce et non à Jérusalem ? Parce qu'à Jérusalem, le fait que **le tombeau soit vide** était indiscutable : Il était là pour subir l'examen du peuple ». [25]

Evitons le suicide intellectuel des Athéniens qui consiste à ne pas vérifier l'histoire eux-mêmes par leurs propres investigations, mais à se contenter de la nier par ignorance.

Jean 20 :25 « Thomas leur dit : si je ne vois dans ses mains la marque des clous, et si je ne mets mon doigt dans son côté, je ne croirai point »

Marc 6 :5-6 « Il ne put faire là un miracle, si ce n'est qu'Il imposa les mains à quelques malades et les guérit. Et Il s'étonnait de leur incrédulité »

NB : Crois-tu au tombeau vide ? Crois-tu à la résurrection de Jésus ? Le prix à payer c'est de croire comme un enfant. Christ est bel et bien ressuscité et son Esprit est en action au milieu de son Eglise.

❖ AVOIR UN CŒUR REPENTANT.

Repentance : Selon le Nouveau Dictionnaire Biblique, ce mot selon son sens grec « **Metanoia** » signifie : Changement de mentalité, d'intention. C'est la tristesse qu'on éprouve de ses péchés, et la douleur d'avoir offenser Dieu »

NB : Un cœur qui n'héberge pas le péché ou dans lequel les œuvres de la chair ne viennent pas tabernacler, peut espérer goûter aux grâces du ressuscité.

Math 4 :17 « Dès ce moment Jésus commença à prêcher, et à dire : Repentez-vous car le royaume des cieux est proche ».

---

[25] Josh McDowel, Le Verdict : complément d'enquête (La Bégude de Mazenc, France : Editions Vida, 2007), 273.

NB : Si nous espérons qu'avec notre vie de dépravation, nos péchés non confessés, nos cœurs de ruse, expérimenter la puissance du Christ ressuscité, nous, nous trompons nous-mêmes, et la vérité n'est point en nous. Dieu aime le pécheur, mais hait le péché.

Proverbes28 :13 « Celui qui cache ses transgressions ne prospère point, mais celui qui les avoue et les délaisse obtient miséricorde ».

❖ Par une semence de qualité ou une offrande sacrificielle

Le Dr Dominique Bangoret pouvait faire cette déclaration : «Si le salut s'obtient gratuitement et gracieusement par la foi en Jésus en occultant nos œuvres, les bénédictions quant à elles se provoquent par une semence qui réjouit le cœur de Dieu ».[26]

Proverbes 27 :17 « Comme le fer aiguise le fer… ». Les bénédictions provoquent les bénédictions.

1Pierre1 :23 « Puisque vous avez été régénérés non par une **semence corruptible**, mais par une **semence incorruptible**, par la parole vivante et permanente de Dieu »

NB : Jésus cent pour cent Homme et cent pour cent Dieu, avait revêtu un corps mortel. Ce corps mortel sera semé et ressuscitera un corps incorruptible, immortel, puissant, glorieux c'est-à-dire un corps spirituel. C'est ce que le théologien William Lane Craig qualifie de : **Le soma pneumatikos.**

---

[26] Docteur Dominique Bangoret. Cours de classe. T1123.2ème Trimestre 2018.

Psaumes 126 :5-6 « Ceux qui portent le sèment avec larmes, moissonneront avec des chants d'allégresse. Celui qui marche en pleurant quant porte la semence, revient avec allégresse, quand il porte ses gerbes ».

NB : Jésus n'est pas allé à Golgotha en riant, Il s'y est rendu après quarante coups moins-un. Il a porté un lourd fardeau sur son dos déjà affaibli par les atrocités des soldats sans cœur. Jésus a semé sa vie dans la plus grande humiliation. C'est avec larmes qu'Il est mort sur ce bois maudit. Tu as reçu le salut gratuitement cependant, il te faut semer avec sincérité, avec larmes, avec un esprit de sacrifice, avec un cœur bien disposé afin de bénéficier des retombés d'un tel acte de grande portée.

C- LA VICTOIRE DE CHRIST SUR LA MORT ET LE SEJOUR DES MORTS.

Apocalypse 1 : 17-18 « Quand je le vis, je tombai à ses pieds comme mort. Il posa sur moi sa main droite, en disant : Ne crains point ! Je suis le premier et le dernier, et le vivant. J'étais mort ; et voici, je suis vivant aux siècles des siècles. Je tiens les chefs de la mort et du séjour des morts ».

Apocalypse 1 :5 « Et de la part de Jésus-Christ, le Témoin fidèle, le Premier-né des morts, et le Prince des rois de la terre ! A celui qui nous aime, qui nous a délivrés de nos péchés par son sang ».

Job 26 : 6 « Devant lui le séjour des morts est nu, l'abîme n'a point de voile »

Luc 24 :5 « Saisies de frayeur, elles baissèrent le visage contre terre ; mais ils leur dirent : Pourquoi cherchez-vous parmi les morts celui qui est vivant ? ».

C-1.Les trois types de morts

✓ **La mort physique.**

Définition : C'est la cessation définitive de la vie

Jean 11 : 17 « Jésus, étant arrivé, trouva que Lazare était depuis quatre jours dans le sépulcre ».

Math 9 :18 « Tandis qu'il leur adressait ces paroles, voici, un chef arriva, se prosterna devant lui, et dit : Ma fille est morte il y a un instant ; mais vient, impose-lui les mains, et elle vivra »

✓ **La mort spirituelle.**

Définition : C'est le fait de ne plus être sous le contrôle de l'Esprit de Dieu. Ne plus réagir aux choses spirituelles. La mort spirituelle conduit le croyant à la pratique du péché ou des œuvres la chair. **1Jean3 : 9** « Quiconque est né de Dieu ne pratique pas le péché, parce que la semence de Dieu demeure en lui ; et il ne peut pécher, parce qu'il est né de Dieu »

Apocalypse 3 : 1 « **…**Je sais que tu passes pour être vivant, et tu es mort »

✓ **La mort éternelle ou la seconde mort**

Définition : C'est la séparation définitive d'avec Dieu.

Apocalypse 21 : 8 « Mais les lâches, les incrédules, les abominables, les meurtriers, les impudiques, les enchanteurs, les idolâtres, et tous les menteurs, leur part sera dans l'étang ardent de feu et de soufre, ce qui est la seconde mort.

NB : Ezéchiel 37 : 3 « Il me dit : Fils de l'homme, ces os pourront-ils revivre ? Je répondis : Seigneur Eternel tu le sais ».

Prière : Seigneur les entrailles mortes de ces femmes pourront-elles reprendre vie ? Ce cœur presque mort dans la poitrine de ton serviteur pourra- t-il revivre ? Ce foyer au bord de la dislocation pourra-t-il revivre ? Ces chrétiens morts spirituellement pourront-ils reprendre vie ? Etc. Seigneur Eternel tu le sais. Nous, nous, nous attendons à toi seul, le ressuscité. Toi seul est notre espoir, dis seulement un mot et ce qui est mort reprendra vie. Ce qui est impossible viendra à l'existence.

D- LA VICTOIRE SUR SATAN ET SES DEMONS.

N'oublions jamais que la plus grande joie et le triomphe du diable serait de voir Christ rester dans le tombeau. La résurrection demeure la pièce justificatrice de l'autorité de Jésus et de l'Eglise sur Satan et sa bande de rebelles.

Col 2 : 10 «Vous avez tout pleinement en lui, qui est le chef de toute autorité et domination »

Apocalypse 12 :10 « Et j'entendis dans le ciel une voix forte qui disait : Maintenant le salut est arrivé, et la puissance, et le règne de notre Dieu, et l'autorité de son Christ ; car il a été précipité, l'accusateur de nos frères... »

NB **:** Si le tombeau est ouvert, si le Roi des rois en est sorti en triomphant de Satan et de ses démons, soyons sûrs qu'Il nous donne l'autorité afin de les vaincre et de jouir pleinement de nos bénédictions. Cependant plusieurs'' chrétiens'' croupissent encore sous la domination de celui que Christ a déjà vaincu. Plusieurs croyants ou sympathisants qui prennent d'assaut nos lieux de culte sont encore des victimes, sont tenus captifs par cet adversaire, dans tel ou tel domaine de leur vie. Certains sont influencés par les esprits malins et vont jusqu'à la possession. Nous verrons dans sous ce chapitre primo : Les 7 armes fatales du diable, les sept écoles de Satan, les cinq instruments utilisés par les agents des démons contre les enfants de Dieu.

D-1. Les sept (7) armes fatales utilisées par Satan et sa bande de démons

NB : Ces étapes sont rapportées par le Dr Charles Agyin Asare dans son ouvrage intitulé'' Fondé et Enraciné en Lui à la page242-243.

- **La Régression** :

C'est un retour en arrière ou vers le point de départ, une diminution en force spirituelle et en puissance causés par les démons lorsqu'ils attaquent un élu de Dieu à qui Jésus ressuscité a accordé ses grâces. Le contraire de régression est : Avancer, progrès, développer.

Gal 3 : 3 « Êtes- vous tellement dépourvus de sens ? Après avoir commencé par l'Esprit, voulez- vous maintenant finir par la chair ?

NB : N'es-tu pas en train de régresser dans ta marche avec Dieu ? L'amour dans ton foyer ne connaît-il pas une régression ? La joie de servir Dieu n'a-t-elle pas pris un coup ? Tes affaires ne sont-elles pas en train de régresser ? Si tel est le cas, laisse- moi te dire que le tombeau est ouvert. Christ est ressuscité pour t'aider à avancer.

Apocalypse2 :19 « A l'Eglise de Thyatire : Je connais tes œuvres, ton amour, ta foi, ton fidèle service, ta constance, et tes dernières œuvres plus nombreuses que les premières »

❖ Répression :

Définition : Faire arrêter une action par la violence

Actes12 :1-3 « Vers le même temps, le roi Hérode se mit à maltraiter quelques membres de l'Eglise, et il fit mourir par l'épée Jacques, frère de Jean. Voyant que cela était agréable aux juifs, il fit encore arrêter Pierre… »

Actes 4 : 18 « Et les ayant appelés, ils leur défendirent absolument de parler et d'enseigner au nom de Jésus ».

- **Un étouffement qui provient d'une force extérieure**

Actes 4 :16 « Mais, afin que la chose ne se répande pas davantage parmi le peuple, défendons- leur avec menaces de parler désormais à qui que ce soit en ce nom ».

NB : **Selon le Dr Charles**, c'est contrôler la vie d'une personne à partir d'une puissance, la retenir à partir de l'extérieur et lui enlever toutes formes de joie et paix du cœur.[27]

NB : La peur de parler des démons ou de les dévoiler, est un signe indicateur de notre répression. Avoir peur de parler des démons, c'est douter de la puissance de celui qui est sorti vivant du tombeau et qui les a vaincus avec éclat. Ne laisse pas les démons t'intimider, t'effrayer, te contrôler, exercer une pression sur toi, ce

[27] Charles Agyin Asare, Enraciné et Fondé en Lui (Céleste Paris, © 1995) , 242-243.

sont des ennemis déjà vaincus. Nous menons un combat que nous avons déjà remporté d'avance par le nom de celui dont le tombeau est ouvert.

❖ LA SUPPRESSION

Définition : C'est le fait de rendre une personne apathique, c'est-à-dire indifférente, inactive, oisive à tout ce qui se passe autour d'elle. Rien n'intéresse cette personne dans la maison de Dieu.

C'est une pression anormale qui nous pousse à renoncer à nos bonnes habitudes.

NB : Tu n'as plus la force de servir ton Seigneur, les choses de Dieu ne sont plus tes priorités, tu as renoncé à tes bonnes actions, à ton engagement. Ton zèle pour les choses de Dieu, pour ta famille, est interrompu. Tu sens en toi un vide, ton Dieu est sorti du tombeau pour reconstruire ton histoire.

2Pierre1 : 8 « Car si ces choses sont en vous, et y sont en abondance, elles ne vous laisseront point oisifs, ni stériles pour la connaissance de notre Seigneur Jésus-Christ ».

1Tim 5 :11 « Avec cela, étant oisives, elles apprennent à aller de maison en maison ; et non seulement elles sont oisives, mais causeuses et intrigantes (situation compliquée et embarrassante), disant ce qu'il ne faut pas dire ».

❖ LA DEPRESSION.

Définition : C'est l'acte par lequel on abaisse ou enfonce une personne qui a déjà l'esprit brisé dans le but de la détruire. Le Dr Charles Asare déclare que ; la dépression entraîne une personne à être abattue, triste, désespérée, et à perdre tout espoir.

Le pasteur Denis Kinlaw affirmait ceci : « L'impression sans expression conduit à la Dépression »

1Samuel 1 :7 « Et toutes les années, il en était ainsi. Chaque fois qu'Anne montait à la maison de l'Eternel, Pennina la mortifiait (Affliger, châtier, crucifier, mater) de la même manière. Alors elle pleurait et ne mangeait point »

Proverbes 17 :22 « Un cœur joyeux est un bon remède »

<u>NB</u> **:** Dans quel domaine es-tu en train de connaître ou subir une dépression ? Sur le plan financier, sur le plan émotionnel, tu n'arrives à t'en sortir dans tout ce que tu entreprends ? Ton foyer est brisé, tu fais face un endettement ? Tu subis une séparation de corps ? Tes enfants ne se souviennent plus de toi ? Une jeune fille a emporté le cœur de ton mari ? Ton Jésus est sortit du tombeau, le tombeau est ouvert, tout est encore possible si tu crois.

❖ L'OPPRESSION :

<u>Définition</u> : C'est le fait de charger une personne de quelque chose qu'elle n'est pas à mesure de porter. C'est faire cruellement souffrir ou étouffer un personne, l'accabler.

Exode 3 :7-8 « L'Eternel dit : J'ai vu la souffrance de mon peuple qui est en Egypte, et j'ai entendu les cris que lui font pousser ses oppresseurs, car je connais ses douleurs ».

NB : Ton Jésus a vu ta souffrance, il a entendu tes pleurs, tes gémissements, Il est sorti du tombeau pour ta victoire, pour essuyer tes larmes et mettre fin à toute oppression dans ta vie. Que ce soient les oppressions des démons, des sorciers, de la maladie, de la pauvreté, de tes ennemis, le tombeau est ouvert, tu ne resteras pas dans cette situation, car ton Dieu descendra pour défendre ta cause.

Exode 14 :14 « L'Eternel combattra pour vous ; et vous gardez le silence ».

❖ L'OBSESSION

Définition : Action d'importuner sans cesse. Etat de celui qu'un démon assiège. C'est le fait qu'un démon exerce une pression sur une personne et la pousse à poser un acte déraisonnable qui peut conduire à la destruction.

NB : On peut noter deux types d'obsession

- **La positive :** Selon le Dr Charles, Jésus était obsédé par son désir de sauver le monde, lequel correspondait à son destin. **Jean 4 :34** « Jésus leur dit : Ma nourriture est de faire la volonté de celui qui m'a envoyé, et d'accomplir son œuvre »
- **La négative :** Selon le même auteur ; c'est celle qui transforme notre esprit à nos yeux, de telle sorte qu'à nos yeux, le noir devient blanc, une chose droite devient courbée, un mensonge devient une vérité, le péché est considéré comme une erreur ou un accident.

NB : Tu es assiégé par l'esprit de mort, l'esprit de suicide, les démons te font croire que la situation dans laquelle tu te trouves est normale. Tu trouves ta condition de pauvreté normale à tes yeux. Les démons te font croire que c'est normal d'échouer, d'être célibataire, de faire des avortements, d'être homosexuel, de te masturber, etc. Laisse-moi te dire que ton Christ est ressuscité, le tombeau est ouvert pour ta victoire sur cette pression qui cherche à t'anéantir. Lève tes yeux vers le ressuscité et tout redeviendra normal dans ta vie.

❖ LA POSSESSION

Définition : C'est le fait qu'une personne soit sous l'autorité absolue, complète ou totale des démons ou diable. Cette démence peut être légère ou grave. La victime a en elle les démons, c'est différent d'être contrôlé à distance.

Marc 5 :2,9 « Aussitôt que Jésus fut hors de la barque, il vint au-devant de lui un homme, sortant des sépulcres, et **possédé** d'un esprit impur. Et Il (Jésus) demanda : quel est ton nom ? Légion est mon nom, lui répondit –il : Car nous sommes plusieurs (6ooo démons) ».

Actes 16 :16 « Comme nous allions au lieu de prière, une servante qui avait un esprit de python, et qui procurait un grand profit à ses maîtres vint au devant de nous ».

NB : Tu es sous le contrôle d'un esprit qui te tourmente nuit et jour, ta vie est la demeure d'un esprit, de mort, de mari ou femme de nuit etc. Jésus n'est pas resté dans son tombeau, son tombeau est vide pour ta délivrance. Crois-tu que cela est possible dès aujourd'hui dans ta vie, alors ta foi te délivre au nom du Christ ressuscité.

D-2 .LES 7 ECOLES DE SATAN.

A la lumière du livre d'exode nous apercevons les 7écoles de Dieu que sont :

- Déception, Obéissance, Abondance, du Besoin (faim), Discipline, Aridité (soif), et Combat.

NB : Si ces écoles ont été pour le peuple d'Israël dans sa pérégrination de quarante ans dans le désert, un temps de formation et d'apprentissage au pied de celui dont la main puissante les a fait passer de l'esclavage Egyptien à la théocratie, n'oublions pas que notre adversaire le diable a aussi ses écoles pour maintenir les non-croyants sur le chemin de la perdition, et essayer de faire passer les élus de Dieu de la liberté à l'esclavage. N'oublions pas qu'il se déguise en ange de lumière. Listons dès à présent ces écoles à la lumière des Saintes Ecritures.

❖ Ecole de la ''Jalousie mortelle, destructrice ou la vilaine jalousie ''

Définition : Selon le Dictionnaire ''Le Grand Robert'' : Sentiment hostile né de l'envie que provoque le spectacle du bonheur, des avantages d'autrui; inquiétude qu'inspire la crainte de partager un avantage ou de le perdre au profit d'autrui.

- Nous ne parlons pas de la bonne jalousie qui conduit Dieu à préserver son image ou son nom, à châtier ceux qu'Il aime. Ce même sentiment pousse les serviteurs de Dieu et les Chrétiens dignes de ce nom à défendre la cause de Dieu ou à sanctionner le péché.

Exode 34 :14 « Tu ne te prosterneras point devant un autre dieu ; Car l'Eternel porte le nom de Jaloux, Il est un Dieu Jaloux.

2Cor 11 :12 « Car je suis jaloux de vous d'une jalousie de Dieu, parce que je vous ai fiancés à un seul époux, pour vous présenter à Christ comme un vierge pure »

- ***La jalousie destructrice ou la vilaine jalousie.***

C'est un vilain sentiment qui conduit une personne à haïr son prochain, à désirer sa mort. Un sentiment qui ne veut pas que l'autre soit aussi dans le bonheur comme moi ou qu'il soit plus béni que moi. On a peur que l'élévation de son frère, de sa sœur ou son succès, ne vienne pas nous supplanter..

Actes 7 : 9 « Les patriarches, jaloux de Joseph le vendirent pour être emmené en Egypte »

Psaumes 106 :16-17 « Ils se moquèrent dans le camp, jaloux de Moïse, contre Aaron, le saint de l'Eternel. La terre s'ouvrit et engloutit Dathan, et elle se referma sur la troupe d'Abiram »

NB : Le tombeau est ouvert pour engloutir tes ennemis qui sont animés de jalousie à ton égard. Christ est ressuscité pour fermer toute bouche ouverte contre toi à cause de ta prospérité, ton élévation, ton mariage, ton enfantement, ton succès etc. « Tes ennemis viendront par un chemin, mais s'enfuiront par sept chemins » : Dit l'Eternel. Deut 28 :7.

❖ ECOLE DE LA HAINE.

Définition : Selon la même source. Sentiment violent qui pousse à vouloir du mal à quelqu'un et à se réjouir du mal qui lui arrive.

Genèse 37 : 4 « Ses frères virent que leur père l'aimait plus qu'eux tous, et ils le prirent en haine. Ils ne pouvaient lui parler avec amitié »

Ezéchiel 23 :29 «Ils te traiteront avec haine ; ils enlèveront toutes tes richesses, et te laisseront nue, entièrement nue… »

Jean 7 :7 « Le monde ne peut vous haïr ; moi il me hait, parce que je rends de lui le témoignage que ses œuvres sont mauvaises »

NB : Autour de toi, dans ta famille, dans ton service, dans ton foyer, une main invisible est en action parce que voulant ton échec, ta mort, ta ruine, ta pauvreté, ta sécheresse. Quelqu'un est en train de se réjouir de ta stérilité ; de ta souffrance, de ta maladie, du fait que tu aies perdu ton emploi. Christ est-Il ressuscité ? Son tombeau est-ouvert ? Alors prends courage et avance de façon triomphale.

❖ ECOLE DU COMPLOT

Définition : selon la même source : Projet concerté secrètement contre la vie, la sûreté de quelqu'un, contre une institution.

Psaumes 64 :3-6 « Garanti-moi des complots des méchants...Ils se fortifient dans leur méchanceté, ils se concertent pour tendre des pièges »

Genèse 37 : 18 « Ils le virent de loin, et, avant qu'il ne fut près d'eux, ils complotèrent de le faire mourir »

Psaumes 31 :13, 16 «…ils complotent contre moi pour m'ôter la vie. Mes destinés sont entre ta main ; délivre-moi de mes ennemis et de mes persécuteurs »

NB : Ta destinée est entre les mains du ressuscité, celui dont le tombeau fut ouvert. Tes ennemis cherchent ta mort, ta destruction, ta pauvreté. Ils se concertent pour t'ôter la

vie, sache que ton Jésus ne dort ni ne sommeille, ses anges campent autour de toi pour t'arracher de leurs griffes et te conduire de victoire en victoire.

- ***Ecole de l'enterrement ou du trou***

Définition : Selon la même source : Le rejet, la mise à l'écart d'une personne; l'abandon, le délaissement d'une idée, d'un projet.

Genèse 37 : 24 «Ils le prirent, et le jetèrent dans la citerne (trou), cette citerne était vide ; il n'y avait point d'eau ».

NB : Ce que tes ennemis veulent c'est de te noyer, t'étouffer, faire de telle sorte qu'on parle plus de toi, que personne ne sente ton existence. Actuellement, ta réussite, tes entrailles, ton compte bancaire, ta joie, le cœur de ton mari ou de ta femme, sont cachés dans un endroit clos. Tu es enfermé(e) dans une bouteille, laisse-moi te dire que ton Dieu qui a ressuscité Jésus est encore assis sur son trône, Il se lève maintenant et dispersent tes ennemis. Psaumes 60 :14 « Avec Dieu nous ferons des exploits, Il écrasera nos ennemis ».

❖ *Ecole de la vente ou du trafic*

Définition. Selon la même source : Contrat par lequel une des parties (le vendeur, la venderesse) s'engage et s'oblige à transférer la propriété d'un bien et à le livrer à l'autre partie (acheteur, acquéreur), qui s'oblige à en payer le prix. Commerce plus ou moins clandestin, immoral ou illicite.

Genèse 37 :28 « …Ils tirèrent et firent remonter Joseph hors de la citerne ; et ils le vendirent à vingt sicles d'argent aux Ismaélites, qui l'emmenèrent en Egypte ».

Math 26 : 15 « Et il dit : Que voulez-vous me donner, et je vous le livrerai ? Et ils lui payèrent trente pièces d'argent »

Deut 28 : 68 « L'Eternel te ramènera sur les navires en Egypte, et tu feras ce chemin dont j'étais dit : tu ne le reverras plus ! Là, vous vous offrirez en **vente** à vos ennemis, comme esclaves et comme servantes, et il n'y aura personne pour vous acheter ».

NB : Sur quel marché es-tu vendu ? Tes ennemis cherchent à te livrer aux marabouts pour te faire du mal, dans le secrets tes parents ont vendu votre réussite, votre bonheur, votre prospérité, ton Dieu n'a pas encore dit le dernier mot.

❖ *ECOLE DES FAUSSES ACCUSATIONS*

Définition : Selon la même source : Action de signaler comme coupable quelqu'un ou comme répréhensible quelqu'un.

Genèse39 : 14-15 « Elle appela les gens de sa maison, et leur dit : Voyez, il nous a amené un hébreu pour se jouer de nous. Cet homme est venu vers moi pour coucher avec moi ; mais j'ai crié à haute voix. Et quand il a entendu que j'élevais la voix et que je criais, il a laissé son vêtement à côté de moi et s'est enfui dehors »

Math 26 : 59 « Les principaux sacrificateurs et tout le sanhédrin cherchaient quelques faux témoignages contre Jésus, suffisant pour le faire mourir »

NB : Autour de toi s'élèvent des voix qui cherchent ta destruction, ta mort, ta disparition, ta misère etc. Sais-tu que le tombeau est ouvert ? Et que ton Jésus en est sorti vivant ? Alors que mille tombent à ta gauche et dix mille à ta droite tu ne seras jamais atteint. Tous ces faux témoignages sont devant ton Dieu de nulle et non effet.

❖ ECOLE DE LA PRISON

Définition : Selon la même source : Un lieu de détention

Genèse 39 : 20 « Il prit Joseph, et le mit dans la prison, dans le lieu où les prisonniers du roi étaient enfermés : Il fut là, en prison »

Apocalypse 2 :10 « Ne crains pas de ce que tu vas souffrir. Voici le diable jettera quelques-uns de vous en prison, afin que vous soyez éprouvés, et vous aurez une tribulation de dix jours. Sois fidèle jusqu'à la mort et je te donnerai la couronne de vie »

Luc 22 :33 « Seigneur, lui dit Pierre, je suis prêt à aller avec toi et en prison et à la mort »

NB : Dans quelle prison penses-tu être ? De qui es-tu captif ou captive ? Ce que Dieu veut en ressuscitant son fils d'entre les morts, c'est ta liberté, ton épanouissement, c'est ta santé. Dans quelle prison ton compte bancaire, tes entrailles, ta joie, ton foyer, tes projets, ton mariage etc. Sont-ils ? Le tombeau est ouvert, sors de là.

❖ ECOLE DE L'OUBLI

Définition :

- Refuser sciemment de faire cas de quelqu'un, de tenir compte de quelqu'un.
- Négliger quelqu'un, ne pas s'occuper de quelqu'un, faire preuve d'indifférence à l'égard de quelqu'un.

Genèse 40 : 23 « Le chef des échansons ne pensa plus à Joseph. Il l'oublia »

Osée 13 :6 « Ils se sont rassasiés dans leurs pâturage ; ils se sont rassasiés, et leur cœur s'est enflé ; c'est pourquoi ils m'ont oublié.

Psaumes 59 :12 « Ne les tue pas, de peur que mon peuple ne l'oublie ; fais-les errer par ta puissance, et précipite-les »

NB : Tu seras le Joseph de ta famille. Actuellement tu es oublié, ignoré, on ne t'accorde aucune importance, personne ne te mets dans son programme, tous les calculs se font sans te prendre en compte, tu es sans valeur aux yeux de tes amis, de ton entourage. Ton étoile est sur le point de rayonner, de donner son éclat et tous ceux qui t'ont oublié viendront s'abreuver aux bénédictions dont tu seras l'objet. Car toi aussi tu es fils ou fille d'Abraham.

D-3. LES CINQ (05) INSTRUMENTS DU DIABLE.

Si le Christ ressuscité a fait don de cinq ministères à caractère directionnel à l'Eglise, comme des instruments ou des canaux d'expression de sa volonté souveraine en vue de son édification, nous enregistrons aussi cinq instruments que le diable et ses démons utilisent pour accomplir leurs différentes missions tant dans le monde que dans l'Eglise. N'oublions jamais que Satan est un serviteur entre les mains de Dieu pour accomplir aussi ses desseins.

1- Le pot de la mort :

Définition : Récipient de ménage, destiné surtout à contenir liquide et aliments.

2Rois 4 : 40-41 «On servit à manger à ces hommes, mais dès qu'ils eurent mangé du potage, ils s'écrièrent ; La mort est dans le pot, homme de Dieu ! Et ils ne purent manger. Elisée dit : Prenez de la farine. Il en jeta dans le pot, et dit : Sers à ces hommes, et qu'ils mangent. Et il n'y avait plus rien de mauvais dans le pot »

NB : Le pot en lui-même n'est pas mauvais et peut-être utilisé sans aucun inconvénient. Les pots ne contiennent pas en eux-mêmes des démons. Mais lorsque notre adversaire, le diable s'en sert, c'est en ce moment qu'il y a de quoi en la matière. C'est ce qui est à l'intérieur qui va causer la mort(les coloquintes sauvages). Souvent les adeptes ou les serviteurs du diable détruisent beaucoup de vies, de foyers, anéantissent leurs victimes, ou bloquent le succès de plusieurs (pas des véritables enfants de Dieu, nés de nouveau), mais des sympathisants qui prennent d'assaut nos lieux ce culte. Dans quel pot tes entrailles, ton argent, ton intelligence, ton mariage, le cœur de ton mari ou de ta femme, sont-ils engloutis ? Le tombeau est ouvert pour te donner la victoire sur tes ennemis.

Esaïe 44 : 25 « Ainsi parle l'Eternel : J'anéantis les signes des prophètes de mensonge, et je proclame insensés les devins ; je fais reculer les sages, et je tourne leur science en folie ».

2- Le miroir de la manipulation.

1Cor 13 :12 « Aujourd'hui nous voyons au moyen d'un miroir, d'une manière obscure… »

2Cor 3 :18 « Nous tous qui, le visage découvert, contemplons comme dans un miroir la gloire du Seigneur, nous sommes transformés en la même image, de gloire en gloire, comme par le Seigneur, l'Esprit. »

Jacques1 :23 « Car, si quelqu'un écoute la parole et ne la met pas en pratique, il est semblable à un homme qui regarde dans un miroir son visage naturel »

NB : Le Dr Olakunle A. Aregbesola pouvait faire cette déclaration : « Les adeptes de Satan, ont comme arme fatale des miroirs spéciaux dans lesquels, ils invoquent l'âme de la victime et la manipule. A travers ce miroir, ils profèrent des malédictions et donnent des ordres à leurs victimes. Beaucoup d'entre leurs victimes sont mortes par manipulation ou utilisation de leur miroir. Ils peuvent facilement poignarder leurs victimes à travers cet instrument ».

3- Le sceptre de l'extermination

Définition : Bâton de commandement, l'un des signes de l'autorité suprême, dans certaines sociétés.

Psaumes 125 : 3 « Car le sceptre (bâton) de la méchanceté ne restera pas sur le lot des justes… »

Exode 21 :20 « Si un homme frappe du bâton son esclave, un homme ou un femme, et que l'esclave meure sous sa main, le maître sera puni »

1Samuel 17 :43 « Le Philistin dit à David : Suis-je un chien, pour que tu viennes à moi avec un bâton… »

1Chroniques 11 :23 « David. Il frappa un Egyptien d'une stature de cinq coudées (2mètres cinq) et ayant à la main une lance comme une ensouple de tisserand ; il descendit contre lui avec un bâton, arracha la lance de la main de l'Egyptien, et s'en servit pour le tuer.

NB : Le même auteur précité faisait cette déclaration : « L'adepte de Satan, souvent pointe le bâton sur la victime ou toute propriété ou domaine de la vie de la victime qu'il veut détruire ». Ce n'est pas un bâton ou une carne simple que plusieurs ont dans leurs mains, ce sont des armes avec des pouvoirs ou une autorité dont-ils ont les seuls secrets. Le tombeau est vide, ton Jésus en est sorti avec une autorité supérieure, un pouvoir inégalable, une puissance incomparable, alors lève-toi et proclame ta victoire déjà acquise.

Esaïe54 :17 « Toute arme forgée contre toi sera sans effet ; et toute langue qui s'élèvera en justice contre toi tu la condamneras »

4- L'œil de méchanceté

Proverbe 23 :6-7 « Ne mange point le pain de celui qui a l'œil mauvais, et ne désir pas ses friandises. Car comme il a pensé dans son âme, tel il est. Mange et bois, te dira-il ; mais son cœur n'est pas avec toi… »

1Samuel 18 :9 « Et Saül regarda David d'un mauvais œil, à partir de ce jour et dans la suite »

Deut 15 :9 « Garde-toi d'avoir un œil sans pitié pour ton frère indigent et lui faire un refus… »

NB : Notre consultant précité fait encore ici une mise au point en ces termes : « Avec cet œil qui n'est pas physique, ces adeptes de Satan ont la capacité de voir, dans la destinée, l'avenir d'une personne. Par cet œil, ceux-ci détectent leurs victimes à distance. Souvent ils peuvent avoir des informations sur toi et te le dire sans que tu ne les aies informés sur ta situation ou ton projet »

Esdras 5 :5 « Mais l'œil de Dieu veillait sur les anciens des Juifs. Et on laissa continuer les travaux… ». Celui qui est sorti vivant du tombeau ne dort, ni ne sommeille. Ses yeux sont et seront sur toi, tes enfants, tes projets, dès maintenant et jamais.

5- L'autel d'extermination

Définition : Table de pierre à l'usage des sacrifices offerts aux dieux.

Apocalypse 6 :9 « Quand il ouvrit le cinquième sceau, je vis les âmes de ceux qui avaient été immolés à cause de la parole de Dieu et à cause du témoignage qu'ils avaient rendu »

Juges 6 :30 « Alors les gens de la ville dirent à Joas : Fais sortir ton fils, et qu'il meure, car il a renversé l'autel de Baal et abattu le pieu sacré qui était dessus »

NB : Nous pouvons échoir avec notre consultant avec cette pertinente observation. Il nous indique qu'il ya plusieurs endroits où ces autels ont été construits, où les adeptes du diable mettent fin à la vie de leurs victimes. Entre autres : Dans les forêts, en bas des arbres, sur les places publiques, dans des carrefours etc. Ta vie est un sacrifice vivant, saint et agréable qui doit être offerte au ressuscité et non à des démons.

CONCLUSION GENERALE

Au terme de notre analyse, il me convient de vous édifier autour de cette pensée du philosophe Griffith Thomas : « Pour nous, la personne de Christ est aujourd'hui le plus grand miracle, et la ligne de pensée correcte consiste à aller de Christ au miracles et non des miracles au Christ ». Sans la croyance en la résurrection de Christ, la foi chrétienne n'aurait pas pu voir le jour. Le christianisme reste debout ou s'écroule avec cette doctrine fondamentale. Mais une telle évidence ne peut-être acceptée et constituer le socle de notre espérance sans l'ouverture du tombeau, qui constitue la pièce maîtresse capable d'éviter tout suicide intellectuel. J'espère pour ma part, avec modestie, que ce polycopié vous aidera à construire votre foi de façon solide dans l'attente du glorieux retour du ressuscité. Shalom !

<u>BIBLIOGRAPHIE DU LIVRE</u> : LE TOMBEAU EST OUVERT : BERCEAU DU CHRISTIANISME

1) Enns, Paul. *Introduction à la Théologie*. Trois-Rivières. Canada : Editions Impact, 2009.

2) Grudem , Wayne. *Théologie Systématique*. Charols, France : Editions Excelsis, 2010.

3) Dowel, Mc Josh. *Le Verdict : complement d'enquête*. La Begude de Mazene, France : Editions Vida, 2007.

4) Dr Asaré, Charles Agyin. *Enraciné et Fondé en Lui*. Céleste, Paris, ©1995.

5) Pache, Réné, *Nouveau Dictionnaire Biblique*. Saint- Légier, France : Editions Emmaüs. 1992.

6) Mahoney, Ralph. *La Houlette du Berger*. U.S.A © world map, 1993.

7) Dr. second, Louis. *La Sainte Bible*: Editions Revue, 2008.

8) Dr Bangoret, Dominique. *Cours de classe*. T1123 2ème Trimestre 2018.

9) John C.Maxwell. *Du rêve à la réalité*. Québec, Canada : Editions du Trésor caché : 2009

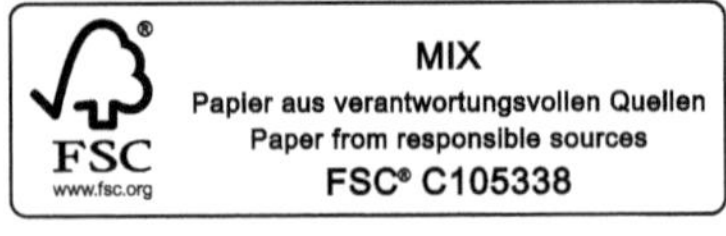

Printed by Books on Demand GmbH, Norderstedt / Germany